GJF

Seoda ár Sinsear

Seoda ár Sinsear

Eddie Bheairtle Ó Conghaile

Cló Iar-Chonnachta
Indreabhán
Co. na Gaillimhe

An Chéad Chló 1999
© Cló Iar-Chonnachta 1999

ISBN 1 902420 13 6

Clúdach: Brian Ó Baoill
Dearadh Clúdaigh: Johan Hofsteenge
Dearadh: Foireann CIC

Faigheann Cló Iar-Chonnachta Teo., cabhair airgid ón g**Comhairle Ealaíon**

Clóchur: Cló Iar-Chonnachta Teo., Indreabhán, Conamara
Fón: 091-593307 **Facs:** 091-593362 **r-phost:** cic@iol.ie
Priontáil: Clódóirí Lurgan Teo., Indreabhán, Conamara
Fón: 091-593251/593157

Clár

Tháinig an Dreoilín

Tháinig an dreoilín go doras tí an táilliúr'
Bhuail sé cic air is bhain sé clár as
'Cuir amach mo chasóigín is veilbhit lena chába
Nó beidh mé ag gabháil de mhaide ort go
mbrise mé do chnámha.'

Seo é an rann ab fhearr le gasúir sna naíonáin agus i rang a haon le mo linnse i.e. trí scór bliain ó shin.

Gime Ní Ghime

D'imigh le Gime Ní Ghime is í ag dul don Róimh ag déanamh a hanama, agus cé a casadh di ach Súis Ní Cheallaigh.

'Cá bhfuil tú ag dul?' arsa Súis Ní Cheallaigh.

'Tá mé ag dul don Róimh,' ar sise, 'ag déanamh m'anama.'

'Ó! Rachaidh mé féin leat,' arsa Súis Ní Cheallaigh.

D'imigh le Gime Ní Ghime is le Súis Ní Cheallaigh is iad ag dul don Róimh ag déanamh a n-anama, agus cé a casadh dóibh ach Cailleach gan Slacht.

'Cá bhfuil sibh ag dul?' arsa Cailleach gan Slacht.

'Tá muid ag dul don Róimh,' ar siadsan, 'ag déanamh ár n-anama.'

'Ó! Rachaidh mé féin libh,' arsa Cailleach gan Slacht.

D'imigh le Gime Ní Ghime 's le Súis Ní Cheallaigh, is le Cailleach gan Slacht is iad ag dul don Róimh ag déanamh a n-anama, is cé a casadh dóibh ach Meana 'gus Ceap.

'Cá bhfuil sibh ag dul?' arsa Meana 'gus Ceap.

'Tá muid ag dul don Róimh,' ar siadsan, 'ag déanamh ár n-anama.'

'Ó! Rachaidh muid féin libh,' arsa Meana 'gus Ceap.

D'imigh le Gime Ní Ghime 's le Súis Ní Cheallaigh, le Cailleach gan Slacht is le Meana 'gus Ceap is iad ag dul don Róimh ag déanamh a n-anama is cé a casadh dóibh ach Sagart na Scine.

'Cá bhfuil sibh ag dul?' arsa Sagart na Scine.

'Tá muid ag dul don Róimh,' ar siadsan, 'ag déanamh ár n-anama.'

'Ó! Rachaidh mé féin libh,' arsa Sagart na Scine.

D'imigh le Gime Ní Ghime 's le Súis Ní Cheallaigh, le Cailleach gan Slacht 's le Meana 'gus Ceap is le Sagart na Scine is iad ag dul don Róimh ag déanamh a n-anama, is cé a casadh dóibh ach Pocán na Binne.

'Cá bhfuil sibh ag dul?' arsa Pocán na Binne.

'Tá muid ag dul don Róimh,' ar siadsan, 'ag déanamh ár n-anama.'

'Ó! Rachaidh mé féin libh,' arsa Pocán na Binne.

D'imigh le Gime Ní Ghime 's le Súis Ní Cheallaigh, le Cailleach gan Slacht 's le Meana 'gus Ceap, le Sagart na Scine is le Pocán na Binne is iad ag dul don Róimh ag déanamh a n-anama is cé a casadh dóibh ach Fear an Túis Bháin.

'Cá bhfuil sibh ag dul?' arsa Fear an Túis Bháin.

'Tá muid ag dul don Róimh,' ar siadsan, 'ag déanamh ár n-anama.'

'Ó! Rachaidh mé féin libh,' arsa Fear an Túis Bháin.

D'imigh le Gime Ní Ghime 's le Súis Ní Cheallaigh, le Cailleach gan Slacht 's le Meana 'gus Ceap, le Sagart na Scine 's le Pocán na Binne is le Fear an Túis Bháin is iad ag dul don Róimh ag déanamh a n-anama is cé a casadh dóibh ach Boc Bhaile an Átha.

'Cá bhfuil sibh ag dul?' arsa Boc Bhaile an Átha.

'Tá muid ag dul don Róimh,' ar siadsan, 'ag déanamh ár n-anama.'

'Ó! rachaidh mé féin libh,' arsa Boc Bhaile an Átha.

D'imigh le Gime Ní Ghime 's le Súis Ní Cheallaigh, le Cailleach gan Slacht, le Meana 'gus Ceap, le Sagart na Scine 's le Pocán na Binne, le Fear an Túis Bháin is le Boc Bhaile an Átha is iad ag dul don Róimh ag déanamh a n-anama agus cé a casadh dóibh ach an Seanghearrán Bán. Bhí an Seanghearrán Bán ligthe amach tar éis an tsaoil agus a cuid oibre. Bhí sí faighte sean, agus bhí go leor mairc uirthi de bharr an tsrathraithe riamh.

'Muise, cá bhfuil sibh ag dul?' arsa an Seanghearrán Bán.

'Tá muid ag dul don Róimh,' ar siadsan, 'ag déanamh ár n-anama.'

'Muise, rachaidh mé féin libh,' arsa an Seanghearrán Bán.

D'imigh le Gime Ní Ghime 's le Súis Ní Cheallaigh, le Cailleach gan Slacht 's le Meana 'gus Ceap, le Sagart na Scine 's le Pocán na Binne, le Fear an Túis Bháin 's le Boc Bhaile an Átha is leis an Seanghearrán Bán is iad ag dul don Róimh ag déanamh a n-anama. Agus bhíodar ag imeacht agus ag síorimeacht riamh nó go dtángadar go dtí abhainn mhór leathan. Agus nuair a tháinig, ní rabhadar in ann dul trasna.

'Á, téigí suas ar mo dhroim,' arsa an Seanghearrán Bán, 'agus tabharfaidh mise trasna sibh.' Chuadar suas ar a dhroim ansin.

Agus bhí cuid acu amuigh ar a chluasa, agus bhí cuid acu thiar ar a dhrioball, agus bhíodar uile thuas ar a dhroim agus chuaigh sé amach á dtabhairt trasna na habhann. Ach de réir mar a bhí an abhainn ag doimhniú bhí an Gearrán ag ísliú san uisce. Bhuail faitíos an Chailleach. Bhí sáilíní arda ar na bróga a bhí ar an gCailleach agus barranna géara orthu. Thosaigh sí á bhfáisceadh isteach i dtaobhanna an tSeanghearráin Bháin. Agus chuir sí isteach sna mairc iad agus speir sí go cnámh é.

'Proimpst!' a deir an Seanghearrán Bán agus

11

chaith sé anuas dá dhroim iad, amach san abhainn, agus báthadh uile iad is iad ag dul don Róimh ag déanamh a n-anama.

Baineann an scéal seo le sean-chóras oideachais a bhíodh ann sna meán aoiseanna. Is le haghaidh cuimhne cinn a fheabhsú agus a mhúnlú an cineál seo scéil. Is féidir tuilleadh carachtar a chur leis an scéal seo agus comórtas a dhéanamh de.

Gairdín na bhFlaitheas

Níl aon áilleacht dá bhfaca súil duine riamh ar an saol seo nach bhfuil le feiceáil i nGairdín na bhFlaitheas, agus tá sé céad agus míle uair i bhfad níos fearr.

Tá crainn de gach uile chineál torthaí ag fás ann agus tá an bláth agus an toradh in éineacht orthu. Nuair a phioctar ceann, bíonn ceann eile ag fás. Tá gach uile chineál ann dá bhfaca súil duine riamh ar an saol seo agus i bhfad níos fearr agus níos mó ná sin. Tá crainn agus bláthanna áille de gach uile chineál dath ann; aibhneacha agus iad lán le hiasc, tránna breátha agus cnoic is sléibhte, gach uile shórt i bhfad níos deise ná mar a d'fheicfeá ar an saol seo. Tá compord an domhain ann agus bíonn gach uile dhuine sásta.

Ach i dtaobh do bhealach a dhéanamh isteach ann, níl sé an-éasca. Mar is ag gabháil tríd an saol seo a chaithfeas tú é a dhéanamh. Tá claí mór ard timpeall air, claí mór cloch, agus ón lá a mbéarfar tú go dtí an lá a bhfaighidh tú bás, caithfidh tú do bhealach a réiteach, do bhearna féin a réiteach tríd

an gclaí sin. Agus gach uile uair agus gach uile lá
de do shaol a ndéanfaidh tú rud maith do do
chomharsa, nó do dhuine ar bith, bainfidh tú cloch
as do bhearna agus beidh do bhearna ag ísliú de
réir a chéile. Ach ansin má dhéanann tú rud mór as
bealach, beidh cloch ag dul isteach ar ais ann agus
beidh tú ag ardú do bhearna ort féin arís. Agus ní
féidir le haon duine dul tríd an mbearna sin ach tú
féin, caithfidh gach uile dhuine a bhearna féin a
réiteach.

Agus mar sin, a dhuine óig atá i dtús do shaoil,
mo chomhairle duit, gach uile lá dá n-éirí ort bí ag
baint cloch as do bhearna.

*Is dóigh liom go bhfuil bunús Éigipteach nó as tuaisceart
na hAfraice ag an scéal seo mar tá dearcadh mar seo ag
cuid den mhuintir sin.*

An Sionnach is an Cat

Lá amháin bhí an sionnach ag dul tríd an gcoill agus é ag dul anonn is anall agus cé a casadh dó ach an cat. Bhuaileadar bleid chainte ar a chéile. Bhíodar ag siúl leo píosa agus d'fhiafraigh an sionnach den chat, 'an bhfuil mórán cleas agatsa, dá dtiocfadh ort?'

'Muise, níl,' a deir an cat, 'níl agamsa,' a deir sé, 'ach aon chleas amháin.'

'Agus céard é sin?' a deir an sionnach.

'Ó, rithfidh mé suas i gcrann,' a deir sé, 'má tá crann in aice liom.'

'Ó, tá an-trua agam duit,' a deir an sionnach, 'mura bhfuil agat ach aon chleas amháin,' a deir sé. 'Tá go leor cleas agamsa,' a deir sé. 'Tá míle cleas agam. Má thagann orm,' a deir sé, 'tá an oiread cleas ann atá mé in ann a imirt.'

Maith go leor, bhíodar ag siúl leo ach is gearr gur chualadar glór na ngadhar ag teacht, agus an sceamhaíl, agus bhí an boladh, nó bonn an tsionnaigh faighte ag na gadhair. Agus chomh luath, ar ndóigh, is a chuala an cat é, an chéad chrann a casadh air, rith sé suas an crann agus shuigh sé ar ghéagán thuas ag breathnú anuas ar an sionnach ag cur a chuid cleas.

D'imir an sionnach a chuid cleas anonn agus anall agus gach uile bhealach faoin domhan, ach nuair a bhí cuid mhaith acu imeartha aige fuarthas greim air sa deireadh agus mharaigh na gadhair é.

'Á,' a deir an cat, is é ag breathnú anuas, 'is fearr aon chleas amháin maith, ná míle droch-chleas!'

An Buachaillín Cithréimeach

Bhí lánúin ann fadó, agus ní rabhadar ach bliain nó dhó pósta nuair a rugadh maicín dóibh, agus bhí an-fháilte go deo acu roimhe, ach bhí an créatúirín cithréimeach ó rugadh é, agus nuair a bhí sé in am aige tosú ag siúl ní raibh sé in ann na cosa a thabhairt leis mar ba cheart. Agus mar sin ní raibh sé in ann bheith ag déanamh spraoi ná ag rith in éineacht le gasúir eile, ach mar sin féin bhí an-chion acu air agus thugadar gach uile aire dó.

Ach bhí uair amháin ansin agus ba taca na Nollag a bhí ann, bhí na créatúir an-bhocht ach dúirt an t-athair, mar gheall go raibh sé ag teacht chun na Nollag, go gcaithfeadh sé dul chun an bhaile mhóir agus bronntanas éigin a fháil don bhuachaill beag. Agus is é an rud a mbíodh an gasúirín ag caint air i gcónaí, go raibh sé ag iarraidh teidí beag.

D'imigh leis an athair, ar chaoi ar bith, agus chuaigh sé chun an bhaile mhóir. Ní raibh aige ach punt le spáráil, is bhí sé ag dul thart ó áit go háit agus ó shiopa go siopa ach bhí gach uile shórt

17

ródhaor. Ní raibh rud ar bith chomh saor is go mbeadh sé in ann é a cheannach.

Ach bhí sé istigh i siopa amháin ann is bhí sé ag dul thart ann is ba é deireadh is diúin an lae a bhí ann agus thug bean sa siopa faoi deara go raibh sé buartha go maith agus d'fhiafraigh sí céard a bhí air, agus d'inis sé a scéal di.

'Gasúirín cithréimeach,' a deir sé, 'atá sa bhaile agam, agus níl agam ach é, agus bhí mé ag iarraidh bronntanas a cheannach dó ach tá siad ródhaor. Níl agam,' a deir sé, 'ach fíorbheagán airgid le caitheamh agus caithfidh mé aróintí eile a cheannach chomh maith céanna.'

'Ó, tuigim do scéal go maith,' a deir sí, 'mar tá gasúirín den sórt sin agamsa mé féin. Tá ceann anseo, cé gur ceann daor go maith a bheadh ann, ach tá a chluaisín gearrtha,' a deir sí, 'agus dá bharr sin, go bhfuil an méid sin de locht air, gheobhaidh tú saor é, chomh saor anois, is go mbeidh tú in ann é seo a cheannach.' Thug sí dó é an-saor.

Bhí sé an-sásta ansin agus thug sé abhaile é. Oíche Nollag fuair an gasúirín é agus bhí sé an-sásta go deo. Ar feadh cúpla bliain bhí an bréagáinín sin aige agus é a tabhairt an-aire dó agus bhíodh an-trua aige dó mar gheall go raibh a chluaisín gearrtha. Ach sa deireadh chuir Dia fios ar an bhfear bocht agus fuair sé bás agus, ar ndóigh, ar nós a leithéid ar

bith thug na haingil leo go Flaithis é. Nuair a bhí sé
sna Flaithis ní raibh sé ag déanamh spraoi in
éineacht leis na gasúir eile ar chor ar bith agus thug
Dia faoi deara é. Agus tháinig Dia go dtí é an lá seo
agus leag sé a lámh ar a chloigeann.

'Muise, céard atá ar mo ghasúirín lách, bán
inniu,' a deir sé, 'cén fáth nach bhfuil tú ag
déanamh spraoi?'

'Chaill mé,' a deir sé, 'mo theidí beag.'

'Muise, caithfidh muid é a fháil duit,' a deir Dia.
'Agus cén sórt teidí a bhí agat?' a deir sé.

D'inis sé dó. 'Agus tá a chluaisín stróicthe,' a
deir sé.

Ghlaoigh Dia ar aingeal mór, breá, láidir a bhí ann
agus dúirt sé leis. 'Muise, gabh síos,' a deir sé, 'agus
faigh an teidí beag seo don ghasúr, agus ná bí i bhfad,
agus bíodh a fhios agat, go bhfuil a chluas stróicthe,'
a deir sé. 'Gheobhaidh tú amach cá bhfuil sé.'

Síos leis an aingeal agus níor stop sé riamh gur
tháinig sé anuas ar an domhan. Agus chuaigh sé ag
cuartú nó gur tháinig sé go dtí an teach, ach bhí
aimsir aige ag iarraidh bheith á fháil mar bhí na
daoine imithe as an teach. An t-athair agus an
mháthair, bhí an saol gaibhte go dona dóibh agus
bhíodar imithe as an teach agus bhí gach a raibh
ann caite i dtraipisí. Ach bhí sé ag cuartú riamh nó
go bhfuair sé é, agus ghlan sé suas é agus nigh sé é

agus shocraigh sé é agus bhí sé chomh maith agus a bhí sé an lá ar ceannaíodh é. Thug sé leis suas é agus thug sé don ghasúirín é.

Bhí an gasúirín an-sásta ansin agus socraíodh suas an chluaisín a bhí stróicthe agus bhí sé an-sásta go deo agus chuaigh sé ag déanamh spraoi in éineacht leis na gasúir eile ar fud na bhFlaitheas.

Gígín, Guaigín is Caillichín an Chlóicín

Bhí triúr deirféar ina gcónaí leo féin fadó:
Gígín, Guaigín agus Caillichín an Chlóicín. Nuair a
tháinig an t-earrach dúirt Caillichín an Chlóicín:
'Caithfidh muid garraí a rómhar agus a spré, agus
arbhar a chur,' a deir sí, 'sa chaoi go mbeidh plúr
agus arán againn le haghaidh an gheimhridh agus
an earraigh arís.'

'Cé a spréifeas an garraí,' a deir Caillichín an
Chlóicín.

'Ní spréifidh mise é,' a deir Gígín.

'Ní spréifidh mise é,' a deir Guaigín.

'Á, spréifidh mé féin é,' a deir Caillichín an
Chlóicín. Fuair sí láí agus d'iompaigh sí gach uile
fhód, agus bhris sí agus spíonn sí an garraí. Agus
nuair a bhí sé rómhartha amach ansin aici agus
spréite, dúirt Caillichín an Chlóicín:

'Anois, cé a chroithfeas an síol anseo?'

'Ní chroithfidh mise é,' a deir Gígín.

'Ní chroithfidh mise é,' a deir Guaigín.

'Á, croithfidh mé féin é,' a deir Caillichín an
Chlóicín. Chuaigh sí amach ansin agus thug sí

máilín léi agus thosaigh sí ag croitheadh an tsíl agus chroith sí go maith é mar níor thit an dara gráinne in éineacht. Agus nuair a bhí an síol craite aici.

'Cé a racálfas an garraí anois?' a deir Caillichín an Chlóicín.

'Ní racálfaidh mise é,' a deir Gígín.

'Ní racálfaidh mise é,' a deir Guaigín.

'Á, racálfaidh mé féin é,' a deir Caillichín an Chlóicín. Fuair sí píce agus bhí sí á lascadh agus á chur trína chéile riamh nó go raibh sé racáilte agus gach uile ghráinne curtha i bhfolach aici faoin gcréafóg, agus nuair a bhí sé racáilte amach aici agus réitithe, lig sí a scíth.

Ba ghearr go raibh an geamhar aníos agus bhí garraí breá arbhair ag fás agus nuair a tháinig an fómhar, bhí garraí breá buí arbhair ann, agus nuair a bhí sé réidh le baint:

'Cé a bhainfeas an t-arbhar anois?' a deir Caillichín an Chlóicín.

'Ní bhainfidh mise é,' a deir Gígín.

'Ní bhainfidh mise é,' a deir Guaigín.

'Á, bainfidh mé féin é,' a deir Caillichín an Chlóicín. Fuair sí corrán agus thosaigh sí ag baint agus á leagan ar sraith agus nuair a bhí an garraí uile críochnaithe aici, bainte amach, d'fhiafraigh Caillichín an Chlóicín:

'Cé a cheanglós an t-arbhar anois,' a dúirt sí.

'Ní cheanglóidh mise é,' a deir Gígín.

'Ní cheanglóidh mise é,' a deir Guaigín.

'Ó, ceanglóidh mé féin é,' a deir Caillichín an Chlóicín. Thosaigh sí uirthi agus bhailigh sí na diasa le chéile ina ndornáin. Thóg sí cúpla dias ansin as gach uile dhornán nó go ndearna sí crios díobh agus bhuail sí crios ar gach uile dhornán agus nuair a bhí gach uile dhornán ceangailte aici:

'Cé a stucfas an t-arbhar anois?' a deir Caillichín an Chlóicín.

'Ní stucfaidh mise é,' a deir Gígín.

'Ní stucfaidh mise é,' a deir Guaigín.

'Á, stucfaidh mé féin é,' a deir Caillichín an Chlóicín.

Chuaigh sí ansin agus bhailigh sí le chéile na dornáin, cúig cinn fhichead i ngach uile charnán agus sé cinn le haghaidh caipín a chur ar an stuca, agus nuair a bhí sin déanta aici thosaigh sí á ndíriú go ndearna sí stucaí díobh agus chuir sí caipín orthu agus bhuail sí crois gach aon taobh ar an gcaipín, go raibh siad sábháilte ón mbáisteach is ón aimsir agus ó gach uile shórt.

Faoi cheann scaithimh ansin labhair sí arís agus dúirt sí:

'Cé a thabharfas an t-arbhar isteach anois,' a dúirt sí, 'le bualadh?'

'Ó, ní thabharfaidh mise isteach é,' a deir Gígín.

23

'Ní thabharfaidh mise isteach é,' a deir Guaigín.

'Tabharfaidh mé féin isteach é,' a deir Caillichín an Chlóicín.

Fuair sí rópa agus thosaigh sí á líonadh, ina bhearta, nó gur thug sí isteach ina bheart agus ina bheart é, gur thug sí sa scioból é agus nuair a bhí sé uile istigh aici, d'fhiafraigh sí:

'Cé bhuailfeas an t-arbhar anois?' a deir sí.

'Ní bhuailfidh mise é,' a deir Gígín.

'Ní bhuailfidh mise é,' a deir Guaigín.

'Buailfidh mé féin é,' a deir Caillichín an Chlóicín.

Shocraigh sí suas cloch, ar stól nó ar chathaoir agus thosaigh sí ag bualadh an arbhair, á bhualadh ar an gcloch nó go raibh na gráinní uile ag imeacht as agus nár fhág sí gráinne riamh ann. Agus nuair a bhí sé sin déanta aici, ar ndóigh, bhí an cháith agus an t-arbhar trína chéile agus an lóchán (an clúdach a bhíonn taobh amuigh ar an ngráinne).

'Cé a cháithfeas an t-arbhar anois,' a dúirt Caillichín an Chlóicín.

'Ní cháithfidh mise é,' a deir Gígín.

'Ní cháithfidh mise é,' a deir Guaigín.

'Ára, cáithfidh mé féin é,' a deir Caillichín an Chlóicín.

Thug sí amach ansin é, lá a raibh roinnt gaoithe ann, agus nach raibh sí róláidir, ach an oiread is go séidfeadh sí an cháith le gaoth, agus thosaigh sí á chroitheadh agus á ligean anuas ar an talamh, agus de réir mar bhí sí á chroitheadh bhí an gráinne ag titim agus bhí an ghaoth ag séideadh an lócháin amach ón ngrán sa chaoi go raibh grán breá glan aici tráthnóna. Líon sí isteach ina máilíní é agus thug sí isteach arís é.

Ansin lá arna mhárach dúirt sí:

'Cé a thabharfas máilín de seo chuig an muileann,' a deir Caillichín an Chlóicín, 'le plúr a dhéanamh de?'

'Ní thabharfadh mise é,' a deir Gígín.

'Ní thabharfaidh mise é,' a deir Guaigín.

'Ára, muise, tabharfaidh mé féin ann é,' a deir Caillichín an Chlóicín.

Agus thug sí máilín léi agus chuaigh sí chuig an muileann, agus chuir an muilleoir isteach é agus meileadh an grán agus tháinig an plúr amach agus bhí máilín deas plúir aici ag teacht abhaile.

Nuair a tháinig sí abhaile ansin:

'Anois, cé a dhéanfas cáca?' a deir Caillichín an Chlóicín.

'Ní dhéanfaidh mise é,' a deir Gígín.

'Ní dhéanfaidh mise é,' a deir Guaigín.

'Déanfaidh mé féin é,' a deir Caillichín an Chlóicín.

Chuaigh sí ansin agus fuair sí mias agus chuir sí plúr inti agus gach uile shórt eile a bhí ag teastáil a

chur inti agus mheasc sí suas é agus chuir sí bainne
géar air nó go ndearna sí cáca deas. Nuair a bhí an
cáca déanta aici, chuir sí síos é ag bácáil. Agus nuair
a bhí an cáca bácáilte bhí boladh breá air agus thóg sí
aníos é.

'Cé a íosfas an cáca seo anois?' a deir Caillichín
an Chlóicín.

'Ó, íosfaidh mise é,' a deir Gígín.

'Íosfaidh mise é,' a deir Guaigín.

'Ní íosfaidh sibh aon ghreim go brách de,' a deir
Caillichín an Chlóicín. 'Íosfaidh mé féin é mar is
mé is géire a shaothraigh é.'

*Baineann an scéal seo le tráth saoil a mbíodh daoine ag
baint a mbia agus a mbeatha as talamh portaigh agus
as talamh clochach nárbh fhéidir céachta a oibriú ann.
Is scéal eolais é faoin gcineál sin oibre agus faoi na
téarmaí a bhaineann léi.*

Póigín

Bhí lánúin ann, siar in aimsir an drochshaoil agus ní raibh acu ach aon ghasúirín amháin, cailín beag, agus tháinig an saol go dona agus fuair an t-athair agus an mháthair bás agus cuireadh an cailín beag in éineacht lena seanmháthair agus lena seanathair, amach faoi na cnoic, amach faoi na Beanna Beola, na cnoic mhóra sin taobh ó thuaidh de Chonamara.

Bhí sí buartha go leor ach bhí sí in éineacht lena seanmháthair agus lena seanathair agus ansin bhí cúpla beithíoch acu. Agus bhí lao beag ann—laoidín baineann a bhí ann—agus bhí spotaí geala agus dathanna deasa sa laoidín agus bhí an oiread cion ag an gcailín beag ar an lao go mbíodh sí ag glaoch ar an lao go minic agus thagadh an lao go dtí í. Bhí sé ina pheaitín aici.

Chuireadh an lao a smuitín aníos agus thugadh sí póigín dá smut. Agus ansin is minic a ghlaodh sí ar an lao agus nuair a ghlaodh sí air bhíodh sí a rá leis teacht go dtabharfadh sé póigín di. Ach, an lá seo ghlaoigh a seanmháthair uirthi agus dúirt sí léi. 'Á, gabh isteach anseo,' a deir sí, 'agus déan rud éigin. Scuab an t-urlár nó réitigh an teach agus ná bac le Póigín.'

Sin é an t-ainm a d'fhan ar an lao ansin. D'fhás an lao suas go raibh sé trí bliana nó mar sin d'aois agus is é an t-ainm a d'fhan air i gcónaí Póigín.

Ach, d'imigh an aimsir thart, agus tháinig fear isteach trasna na gcnoc agus é ag cuartú oibre. Tháinig sé isteach sa ghleann seo, agus titim na hoíche a bhí ann. Spailpín a bhí ann agus chuaigh sé amú agus bhí sé ag cinneadh air a bhealach amach a fháil as an ngleann ar chor ar bith. Ach sa deireadh thiar thall shuigh sé faoi bhun aille agus bhí a chroí briste agus cheap sé go raibh fóidín mearaí curtha air agus nach ndéanfadh sé a bhealach go brách amach as an ngleann. Cibé scéal é an oíche chéanna, an tráthnóna céanna, níor tháinig an bhóín seo abhaile, an ceann a raibh Póigín uirthi, agus bhí an cailín, bhí sí ina cailín óg anois, bhí sí á cuartú agus ní raibh sí le fáil thíos ná thuas.

Ach sa deireadh, sheas sí ar chnocán agus thosaigh sí ag glaoch. Ghlaoigh sí amach: P-ó-i-g-í-n. P-ó-i-g-í-n. Agus bhí macalla ag teacht as na cnoic agus nuair a chuala an fear bocht é seo cheap sé gurbh í an bhean sí a bhí ann agus dúirt sé leis féin: 'Á, tá mé réidh,' a deir sé. 'Ní fhágfaidh mé an gleann go brách. Is í an bhean sí atá ann, agus crochfaidh siad leo mé.'

Sa deireadh thiar thall tháinig sí chomh gar is gur sheas sí ar an gcnocán os a chionn agus thosaigh sí ag fógairt P-ó-i-g-í-n. D'éirigh sé amach ón aill sa deireadh, agus bhreathnaigh sé, agus chonaic sé í seo, cailín álainn breá agus í ag fógairt 'P-ó-i-g-í-n'.

'Á', a deir sé, 'tabharfaidh mise póigín is míle duit ach taispeáin an cosán amach as an ngleann dom.'

'Fan ort go fóilleach anois,' a deir sí, 'céard a thug tusa isteach sa ghleann seo?'

D'inis sé di gur fear oibre a bhí ann. Go raibh sé in ann láí agus sleán agus gach uile shórt eile a oibriú agus gur talmhaí a bhí ann, ach go raibh sé gaibhte amú agus é ag imeacht ag cuartú oibre.

'Ó, tá neart le déanamh,' a deir sí, 'san áit a bhfuil mise, mar níl aon fhear ann. Tabharfaidh mise abhaile anois anocht tú,' a deir sí, 'chuig an teach agus gheobhaidh tú rud le hithe agus beidh tú in ann do bhealach a dhéanamh amárach.

Thug sí abhaile é, ach le réiteach ar gach uile shórt, nár fhan sé le haghaidh an t-earrach a dhéanamh, a chúnamh di, agus nár shocraíodar go bpósfaidís. Agus phósadar, agus maidin lá arna mhárach d'airíodar an ghéimneach ag an doras agus céard a bhí ann ach an bhóín tagtha agus lao aici agus d'fhan go leor den mhianach sin thart faoi chnoic agus faoi ghleannta Chonamara agus is é an t-ainm a tugadh orthu na Póigíní agus tá siad ann riamh ó shin.

Taimín Coinín

Bhí teachín beag gleoite ag an gcoinín istigh i bpoll sa gharraí agus bhí cúig cinn de choiníní beaga istigh i gclann na gcoiníní. Bhí duine acu sin, ceann de na coiníní beaga, agus Taimín an t-ainm a bhí air. Bhí an chuid eile acu go te, teolaí agus iad go sásta san áit a raibh siad, ach ní raibh Taimín sásta fanacht istigh. Gach uile lá dá dtéadh máthair na gcoiníní amach deireadh sí leo:

'Fanaigí istigh anseo agus ná téigí amach mar tá gadhar mór drochmhúinte a bhíonn ag gabháil thart ag smúrthacht agus má fhaigheann sé greim oraibh maróidh sé sibh, mar tá an-dúil aige i gcoiníní beaga. D'fhan na créatúir—bhí siad scanraithe roimhe—agus mar sin féin bhí Taimín ag iarraidh dul amach. Ach, an lá seo, níorbh fhéidir é a choinneáil níos faide. 'Gabhfaidh mise amach,' a dúirt sé, 'níl aon fhaitíos ormsa,' a dúirt sé, 'mar tá mise in ann rith.'

Amach leis, agus nuair a chuaigh sé amach as an bpoll a bhí dubh, dorcha go dtí sin, bhí sé chomh geal agus an ghrian ag scaladh agus bhí an féar agus an caonach chomh bog faoina chosa. Thosaigh sé ag léimneach agus ag rith agus thaitin sé thar cionn leis. Nuair a bhí píosa déanta aige thosaigh sé ag blaiseadh den fhéar agus thaitin sé thar barr leis, agus de na nóiníní, ach is gearr gur airigh sé an smúrthacht ag teacht taobh thiar de agus thug sé faoi deara go raibh an gadhar mór ag teacht. Scanraigh sé. Bhí a chroí beag ag bualadh chomh tréan agus rith sé ansin agus lean an gadhar é agus is é an áit a ndeachaigh sé isteach i dtom mhór driseacha. Chuaigh sé isteach i scailp agus d'fhan sé i bhfolach ann agus bhí a chroí ag bualadh chomh tréan ach níor éirigh leis an ngadhar é a fháil. D'fhan sé ansin píosa mór den lá agus ní raibh sé in ann corraí le faitíos. Is gearr gur tháinig titim na hoíche agus bhí sé ag báisteach go trom agus bhí sé fliuch báite agus é fuar. D'airigh sé torann in aice leis agus scanraigh sé gurb é an gadhar a bhí ag teacht arís ach céard a bhí ann ach a mháthair. 'Á, muise, a Thaimín bhoicht,' a deir sí, 'a Thaimín bhig mo chroí,' a deir sí, 'cén chaoi a bhfuil tú, nó an bhfuil tú beo?'

'Tá mé beo ar éigean,' a deir an créatúirín. Thug sí léi abhaile é agus thug sí isteach sa nead é agus tháinig na coiníní beaga eile timpeall air agus choinníodar te teolaí é.

'Ní ghabhfaidh mise, amach go brách arís,' a deir sé, 'as seo.'

An Seangán agus an Cnoc

Bhí comhthionól mór na seangán le bheith ann mar ní bhíonn sé ann ach uair gach aon mhíle bliain, agus bhí na seangáin ag réiteach faoina choinne. Ach bhí seangán amháin agus dúirt sé go gcaithfeadh sé féin dul chuig an trá nó go nífeadh sé é féin agus go sciúrfadh sé é féin go maith. Ach bhí cnoc mór millteach sa bhealach idir é féin agus an trá.

Nuair a tháinig an seangán chomh fada leis an gcnoc: 'Fág an bealach orm,' a deir sé leis an gcnoc. 'Fág an bealach orm go beo!'

'Ó, réiteach,' a deir an cnoc. 'Tóg d'am,' a deir sé.

'Níl aon triail agam,' a deir an seangán, 'tá mise ag dul do mo níochán féin,' a deir sé, 'caithfidh mé dul chuig an trá, mar tá comhthionól mór na seangán le bheith ann, agus ní thagann sé ach uair gach aon mhíle bliain. Caithfidh mise bheith réitithe roimhe.'

'Á, réiteach ort,' a deir an cnoc. 'Tá mise anseo, leis na milliúin bliain, agus níor chorraigh mé as an áit a bhfuil mé. Céard é míle bliain ar aon chuma?

Tóg d'am,' a deir sé, 'nach mbeidh comhthionól eile ann faoi cheann míle bliain eile?'

Ach ní raibh an seangán sásta. Bhí an seangán corraithe, agus bhí sé ag iarraidh bealach chuig an uisce. Ní dhearna sé nuair nach raibh an cnoc ag tabhairt aon aird air ach glaoch ar a chuid seangán agus ar a chomhluadar uile seangán, agus thángadar agus d'inis sé an scéal dóibh, agus shocraíodar gurbh é an rud ab fhearr an cnoc a thógáil as an mbealach. Agus d'ionsaíodar an cnoc 's bhí go leor acu ann. Thug gach uile cheann acu gráinne beag leis san iarraidh, agus bhíodar ag obair agus ag obair riamh, ní raibh stopadh ná staonadh orthu, oíche ná lá, ach ag treabhadh leo ag tabhairt gráinnín san iarraidh leo go deo agus go brách go raibh an cnoc tugtha leo acu agus é curtha in áit eile, agus bhí bealach chuig an trá acu. Chuadar chuig an trá ansin is níodar iad féin agus bhíodar réitithe le haghaidh chomhthionól mór na seangán.

Baisteadh an Hata

Bhí file ina chónaí thiar in Iorras Lonnáin fadó a dtugtaí Micheál Mac Saibhne air, agus chum sé píosaí breátha filíochta. Bhí sé ina chainteoir maith freisin agus lá amháin casadh sagart dó agus bhí sé ar a chosán ag gabháil bealach sléibhe. Labhair an sagart leis agus labhraíodar féin le chéile ach ní raibh a fhios ag an sagart gur file a bhí i Micheál agus thairis sin ní raibh a fhios aige gur chaith Micheál píosa ag dul ar coláiste sagartóireachta é féin—agus thosaigh sé ag cur ceisteanna ar Mhicheál faoina chreideamh.

Ach sa deireadh d'fhiafraigh sé de Mhicheál: 'An bhfuil tú in ann baisteadh a dhéanamh,' a dúirt sé.

'Thriailfinn leis,' a deir Micheál, 'sin le haghaidh baisteadh urláir a dhéanamh.'

'Maith go leor, mar sin,' a deir an Sagart. Bhain sé a hata dá cheann agus leag sé an hata síos ar an talamh, i lom lár an chriathraigh agus dúirt sé: 'Baist mo hata, mar sin.'

Fuair Micheál boslach mór uisce agus chaith sé síos sa hata é, agus dúirt sé: 'Baistim do hata,' a deir

sé, 'gan cholainn, gan cheann, gan anáil, gan anam,
gan arra ar bith ann. A bhéal os a chionn, is cúl a
chinn faoi ar lár. Agus gan diabhal a fhios agamsa,'
a deir sé, 'an í an olann í a bhí ar an gcaora ghlas nó
ar an gcaora bhán.'

'Á, seafóid,' a deir an sagart, agus rug sé ar an
hata 's d'imigh sé leis, ach bhí an hata fliuch báite
ag Micheál.

A Íosa, tá Seán anseo!

Bhí bean ann fadó is bhí sí ina baintreach agus ní raibh aici ach aon ghasúirín amháin. Buachaill beag a bhí ann, agus Seán an t-ainm a bhí air. Agus bhí an-chion go deo aici air agus thóg sí go maith é, agus thug sí gach uile theagasc dó, agus go háirithe mhúin sí dó agus theagasc sí dó gan dul thar Theach an Phobail go brách cé ar bith cén deifir a bhí air, gan dul isteach agus paidir a rá, nó ar a laghad ar bith seasamh ar an urlár ann.

Agus dhéanadh Seán é seo i gcónaí, an buachaillín beag seo.

Nuair a bhíodh deifir air ní dhéanadh sé ach a chloigeann a chur isteach an doras agus deireadh sé: 'A Íosa, tá Seán anseo,' agus ritheadh sé leis arís.

Ach ansin an lá a mbeadh triail aige ghabhadh sé isteach agus chaitheadh sé píosa den lá ag comhrá le hÍosa agus ag éisteacht leis agus ag rá a phaidreacha.

Ach ba mhinic go mbíodh deifir ar an bhfear bocht. Chuir a mháthair chuig an siopa é lá agus bhí an-deifir air an lá seo. Rith sé, chuaigh sé go dtí doras Theach an Phobail, chuir sé a chloigeann isteach agus dúirt sé: 'A Íosa, tá Seán anseo.' Agus rith sé leis ansin arís.

Ach nuair a bhí sé ag dul trasna an bhóthair, tháinig carr faoi dheifir agus bhuail sé an fear bocht agus maraíodh é.

Bhí gach uile dhuine cráite agus a gcroí briste, nuair a chuala siad é, agus bhí a mháthair bhocht, bhí a croí briste go mór.

Ach an tráthnóna sin nuair a tugadh a chónra isteach go Teach an Phobail, agus nuair a tugadh isteach an doras é, labhair guth ag an altóir agus dúirt: 'A Sheáin, tá Íosa anseo.'

Bhí fear ann fadó . . .

Bhí fear ann fadó, agus fadó bhí,
Cheannaigh sé láí agus ba deas an láí í,
Bhain sé spreaibín, agus ba deas an spreaibín í,
Bhí neaidín faoin spreaibín, agus ba deas an
     neaidín í,
Bhí uibhín sa neaidín agus ba deas an uibhín í,
Bhí éinín san uibhín agus ba deas an t-éinín é,
Bhí drioball ar an éinín chomh fada le mo
     mhéirín,
Sin deireadh le mo scéilín 's nach deas an
     scéilín é.

Amadán Shligigh agus
Amadán Mhaigh Eo

Fadó ag na Tiarnaí Talún agus na cúirteanna móra uile bhíodh amadán acu le haghaidh bheith ag déanamh spraoi agus bheith ag déanamh grinn dóibh. Bhí ceann ag Tiarna Mhaigh Eo agus bhí ceann ag Tiarna Shligigh.

Bhí Tiarna Shligigh ar cuairt ag Tiarna Mhaigh Eo uair amháin agus bhíodar ag fiafraí dá chéile agus ag cur geall le chéile cé acu amadán ab fhearr.

Dúirt Tiarna Shligigh go gcuirfeadh sé féin geall as an amadán a bhí aige féin ach go gcaithfidís iad a thabhairt le chéile go bhfeicfidís cé acu ab fhearr nó ba dhona, nó cé acu an t-amadán ba mhó.

Ach cé ar bith scéal é thug Tiarna Mhaigh Eo, thug sé a amadán féin suas go dtí teach Thiarna Shligigh agus shocraíodar ansin iad a chur ag tarraingt mhóna. Bhí cruach mhóna taobh amuigh agus is é an obair a thugadar dóibh, thugadar dhá mhála dóibh agus dúirt siad leo an mhóin a tharraingt agus í a chur isteach i scioból a bhí ann.

Agus thosaigh siad seo ag tarraingt na móna. Chuireadh ceann acu cúpla fód síos sa mhála agus ritheadh sé leis, agus chuireadh an ceann eile, chuireadh sé cúpla fód síos ann agus b'fhéidir go minic, go mb'fhéidir gur mála folamh a bhíodh ag teacht ag ceann acu agus iad ag rith anonn 's anall mar sin.

Ach ní raibh siad in ann déanamh amach cé acu amadán ba mhó ach sa deireadh leagadh airgead ar an gcosán rompu agus bhí sé scaipthe anonn is anall, agus nuair a bhí amadán Shligigh ag teacht is cúpla fód móna i mála aige chrom sé síos ag piocadh suas an airgid 's ní dhearna amadán Mhaigh Eo ach cic a thabhairt suas sa tóin dó, 's dúirt sé leis: 'Óra, a amadáin,' a deir sé, 'nach ag tarraingt mhóna atá muid inniu, beidh muid ag cruinniú airgid amárach.'

Agus is é amadán Mhaigh Eo a fuair an duais.

Lúrabóg, Larabóg

Lúrabóg, Larabóg,
Buí Ó Néill,
Néill an plobán,
plobán súlach,
Súil na seicne,
Seic na meilleach,
Ál na gcoileach,
Súistín, buailtín,
Maidí beaga péicín
Buille beag ar bharr na coise,
'S crap isteach an fhídeog.

Cluiche teallaigh é seo. Suíonn gasúir thart i bhfáinne nó i líne agus cuireann siad a gcosa amach. Bíonn slat nó maide beag ag duine amháin ar a n-aghaidh amach agus leagann sé a bharr ar chois gach uile dhuine acu i ndiaidh a chéile agus é ag rá an rainn thuas ag an am céanna. Nuair a thagann sé go dtí "an fhídeog" tugann sé buille crua don chois sin mura mbíonn sí sciobtha isteach go beo tapa ag an té ar leis í.

Margadh Maith

Bhí fear ann fadó agus bhí an-dúil go deo i bhfeoil aige, go háirithe mairteoil, nó aon chineál feola. Ach bhí an fear bocht go maith sa saol agus ní raibh sé in ann a leithéid sin a cheannach ná a bheith aige le haghaidh dinnéir.

Ach nuair a bhíodh sé ag teacht thar gheata theach an duine uasail, sin é an Tiarna Talún, go háirithe in am dinnéir, d'fhaigheadh sé an boladh breá feola seo a bhíodh á róstadh, amach as an teach agus gach uile lá ansin sheasadh sé ag an ngeata ag bolú. D'fhanadh sé ann go mbeadh an dinnéar thart, uair an chloig, ag bolú agus ag fáil an bholaidh bhreá seo, feoil rósta.

D'fhiafraigh an Tiarna Talún lá: 'Céard atá an fear sin,' a deir sé, 'ag déanamh ag an ngeata?'

'Ó!' a deir an freastalaí, 'tá sé ag fáil bholadh na feola, agus deir sé go ndéanann sé an-mhaith dó an boladh a fháil.'

'Ó,' a deir an Tiarna Talún, 'cosnaíonn sé airgead orainne, feoil agus freastalaí agus an róstadh a dhéanamh agus gach uile shórt 's níl sé ag dul á fháil sin in aisce,' a deir sé agus is éard a rinne sé, bille trom a chur chuig an bhfear bocht, a raibh an oiread seo gach uile lá air, ar feadh bliana a fhad 's bhí sé ina sheasamh ag an ngeata, ar bholadh na feola.

Nuair a fuair sé an bille scanraigh sé. Ní bheadh sé in ann é a íoc go brách. D'inis sé dá chomharsana é. Dúirt siadsan: 'Tá tú réidh mura bhfaighidh tú dlíodóir éigin a chosnós tú, mar,' a dúirt siad, 'cuirfidh sé ó theach 's ó áras tú.' Ní raibh aon phingin ag an bhfear bocht le haghaidh é a íoc.

Chuaigh sé chuig gach uile dhlíodóir ansin agus dúirt gach uile dhuine acu, nuair a chuala siad cé a chuir an bille chuige (ba é an fear ba chumhachtaí dá raibh ann é), dúirt siad, 'ó níl aon mhaith duit bheith ag caint, íoc é má tá tú in ann, 's mura bhfuil go bhféacha Dia ort,' mar ní raibh aon duine acu sásta dul a chúnamh dó.

'Tá tú ag dlí leis an diabhal,' a dúirt siad, 'agus a chúirt in ifreann.'

Maith go leor, bhí an fear bocht an-dona agus ní raibh duine ar bith sásta cúnamh a thabhairt dó. Ach sa deireadh bhí dlíodóir ann a bhíodh trom ar an ól agus ní raibh aon duine ag cur aon chaidéis air ar chor ar bith 's chuaigh sé go dtí é, agus d'inis sé a scéal dó.

'Maith go leor,' a deir an dlíodóir, triailfidh mé do chúis, níl tada eile le déanamh agam. Ach is é an margadh a bheas ann,' a deir sé, 'tá tusa, chomh dona liom féin, níl aon phingin agatsa, 's níl aon phingin agamsa agus is é an margadh a dhéanfas muide, má bhuann tú, má bhuann muid an chúis, tabharfaidh tú mo dhóthain le hól domsa agus mura mbuafaidh, bíodh an fheamainn aige,' a deir sé, 'ní bhacfaidh muid leis, ní bheidh tada le híoc agat, beidh do dhóthain trioblóide ort.'

Ceart go leor, tháinig ansin in aice lá na cúirte. Dúirt an dlíodóir leis: 'Anois,' a deir sé, 'déan an rud a déarfas mise leat. Faigh an t-airgead, an méid atá sé a éileamh agus bíodh sé ina phinginí beaga agat agus bíodh sé i mála agat. Cé ar bith cén chaoi a bhfaighidh tú é,' a deir sé, 'téigh go dtí an banc, 's faigh iasacht, agus faigh iasacht ó do chomharsana, ach bíodh sé agat ar aon chuma, agus déanfaidh tú an rud a déarfas mise.'

'Maith go leor,' a deir sé, agus chuaigh sé ansin ag cuartú iasachta agus go bhfuair sé an iasacht ó gach uile áit dá bhfuair sé í agus í ina bruscar pinginí beaga, agus bhí sí aige lá na cúirte.

Nuair a bhí sé istigh sa chúirt agus an chúis á plé dúirt an dlíodóir leis: 'Bí ag croitheadh an airgid agus ag baint torainn as.' Agus bhí sé á chroitheadh agus ag baint torainn as.

'Anois,' a deir an dlíodóir. 'Anois,' a deir sé leis an Tiarna Talún, 'tá do chuid airgid uile anseo sa mhála, an dtaitníonn an torann atá aige leat?'

'Á,' a deir an Tiarna Talún, 'taitníonn sé sin go breá liom. Is maith liom, an torann. Is maith liom,' a deir sé, 'torann an airgid.'

'Croith tuilleadh é,' a deir an dlíodóir leis an bhfear bocht agus bhí sé á chroitheadh.

'Taitníonn sé sin leat,' a deir sé.

'Á, taitníonn go mór,' a deir an Tiarna Talún.

'Anois,' a deir an dlíodóir leis an nGiúistís. 'Ní bhfuair, an fear bocht seo, atá mé a chosaint,' a deir sé, 'ní bhfuair sé, ach boladh na feola. Ní bhfuair sé tada le hithe agus tá mise, ag tairiscint, torann an airgid ar bholadh na feola.'

'Ó,' a deir an Giúistís, 'margadh maith.'

Agus sin é a bhfuair an Tiarna Talún: fuair sé torann an airgid ar bholadh na feola.

Fear na Gealaí

Bhí buachaill beag ann fadó agus is minic nuair a bhíodh sé deireanach san oíche, a chuirtí amach é ag iarraidh uisce chuig an tobar.

Bhí oíche amháin ar cuireadh amach chuig an tobar é agus bhí a bhuicéidín aige agus bhreathnaigh sé suas san aer agus chonaic sé an ghealach, agus dúirt sé leis féin: 'Ó,' a deir sé, 'faraor gan mé thuas sa ghealach.'

Ach an oíche sin chuir Dia fios air agus thug sé suas sa ghealach é agus tá sé thuas riamh ó shin ann agus a bhuicéad ina láimh aige agus nuair a bhíonn an ghealach lán i gcónaí bíonn tú in ann é a fheiceáil, fear na gealaí.

An Sionnach agus an Charóg

Bhí sionnach ag siodrabháil leis agus ag smúrthach faoi bhruach na coille lá agus chonaic sé caróg ag teacht agus ag seasamh ar ghéagán os a chionn, agus bhí píosa breá cáise ina gob aici.

Chuir sé dúil sa cháis ar an bpointe agus thosaigh sé ag cuimhneamh ar cén sórt cleas a d'imreodh sé ar an gcaróg le go ligfeadh sí uaithi an cháis.

Is gearr gur thosaigh sé ag dul timpeall agus ag dul timpeall chomh tréan 's a bhí sé in ann, ag iarraidh bheith ag breith ar a dhrioball. Bhí an charóg ag breathnú anuas le leathshúil anois 's leathshúil eile arís agus í ag casadh a cloiginn, anonn is anall, ach dá mbeadh sé ag dul timpeall ó shin, ní raibh sé ag cur tada as di.

'Á,' deir an charóg léi féin, 'dá ghlice dá bhfuil an sionnach bocht, tá sé imithe. Níl ciall ar bith fanta aige.'

Ach bhí an sionnach ag rá leis féin: "Ara muise, a chailleach, cuirfidh mé deis éigin eile ort."

Agus rinne, thriail sé plean eile. Nuair a chinn an chéad cheann air, thriail sé cleas eile.

Shuigh sé síos 's bhí sé ag breathnú suas uirthi.

'Ó,' a dúirt sé leis féin, 'nach álainn an t-éan tú.' 'Tá rí ar na héin uile,' a deir sé, 'ach níl banríon ar bith fós againn. Agus tá mé chomh cinnte agus atá mé i mo shuí anseo, go ndéanfá banríon ar na héin.' 'Tá an loinnir atá i do sciatháin, chomh dubh agus tá sí . . . tá gach uile shórt,' a deir sé, 'do chuid cleití, gach uile ní, do shúile, gach uile shórt go breá.' 'Dhéanfá banríon bhreá,' a deir sé. 'Ach níl a fhios agam an bhfuil fonn ar bith agat, nó an bhfuil tú in ann ceol ar bith a dhéanamh?'

'Ááám!' a deir an charóg. 'Cá, cá, cá,' a deir sí agus d'oscail sí a gob agus—an óinseach—scaoil sí uaithi an cháis.

Bhí an sionnach ag fanacht léi agus d'alp sé í agus d'ith sé í. Choinnigh an charóg uirthi mar go raibh a cloigeann tógtha aige lena chuid molta. 'Cá, cá, cá.'

D'imigh an sionnach leis. 'Á, dún do bhéal,' a dúirt sé, 'nach scoiltfeá mo chloigeann.'

Rí na nÉan

Tháinig éin an aeir uile le chéile tráth le go dtoghfaidís rí, agus is éard a socraíodh sa deireadh go mba é an t-éan is airde a ghabhfadh san aer, gurb eisean a bheadh ina rí.

Bhíodar uile ag réiteach le dul suas an lá seo agus bhí an dreoilín, bhí sé glic, is é an áit a ndeachaigh sé, isteach i bhfolach faoi chlúmhach an iolair, thiar ag a dhrioball. Níor airigh an t-iolar ann ná as é.

Suas leis an iolar is suas le gach uile éan eile. Bhí an faoileán ann 's bhí an charóg ann, bhí an fheannóg ann 's bhí gach uile cheann acu ann is bhíodar ag dul suas agus ag dul suas, ach is gearr gur chaith cuid acu éirí as. Is é an t-iolar is airde a chuaigh agus nuair a bhí sé thuas go hard os cionn gach uile éan eile dúirt sé: 'Anois,' a deir sé, 'is mise, rí na n-éan.'

D'éirigh an dreoilín amach óna dhrioball 's chuaigh sé suas písín eile. 'Ní tú,' a deir an dreoilín, 'ach mise,' a deir sé, 'tá mise níos airde ná tú anois.'

Agus anuas leo agus b'in é an chaoi a ndearnadh rí ar na héin den dreoilín ach ní raibh aon lá riamh ó shin nár chaith sé bheith ag fanacht i bhfolach trí scailpeanna na gclaíocha mar bhí na héin eile ag faire ar é a mharú mar gheall ar an gcleas a d'imir sé.

An Dreoilín agus an Spideog

San earrach a bhí ann agus bhí sé in am dul ag cur an tsíl. Tháinig an dreoilín go dtí an spideog agus dúirt sé léi nach raibh aon ghráinne síl aige le cur i dtalamh agus go mbíonn clann mhór aige, agus bhí trua ag an spideog dó. D'iarr an dreoilín máilín síl uirthi le cur agus gheall sé go dtabharfadh sé ar ais é san fhómhar nuair a bheadh an t-arbhar bainte.

Thug an spideog an máilín dó agus ghlac sí a fhocal.

Ach mo léan nuair a tháinig an fómhar ní raibh caint ar bith ag an dreoilín aon ghráinne a thabhairt ar ais. Sa deireadh chuir sí duine dá clann go dtí an dreoilín agus nuair a chonaic an dreoilín ag teacht í—ag bualadh an arbhair a bhí sé—agus nuair a chonaic sé ag teacht í, dúirt sé lena chlann uile: 'Trína chéile,' a deir sé, 'trína chéile, trína chéile, a chlann.'

Chuadar uile trína chéile agus bhí gach uile cheann riamh acu mar a chéile agus ní aithneodh aon duine ceann thar an gceann eile. Nuair a

'Ach,' a deir an Mhaighdean Mhuire, 'céard a bhíonn d'fhear féin ag déanamh.'

'Bhuel, déanfaidh mé an fhírinne,' a deir sí, 'is ag robáil 's ag gadaíocht a bhíonn sé. Daoine saibhre a théann an cosán seo,' a deir sí. 'Bíonn sé amuigh i gcaitheamh na hoíche go maidin ag robáil agus ag gadaíocht, agus is minic nach mbíonn tada dá bharr aige,' a deir sí. 'Ach feiceann tú féin an áit seo, chomh bocht is atá sé. Níl tada ag fás ann, agus ní mhairfeadh muid ar aon bhealach faoin domhan,' a deir sí, 'murach go ndéanann sé é sin.'

Ach mar sin féin, tar éis píosa comhrá a dhéanamh, nuair a bhí sé in am codlata shín an dá mháthair an dá pháiste trasna an teallaigh ag a chéile agus nuair a bhí siad dhá dhéanamh sin thóg an leanbh Íosa a lámh agus bheannaigh sé an páiste eile. 'S rinneadar an-iontas den rud a chonaiceadar.

Ach mar sin féin, chuadar a chodladh an oíche sin, agus maidin lá arna mhárach, nuair a d'éirigh an Mhaighdean Mhuire, ghlac sí buíochas leis an mbean. Tháinig Naomh Seosamh agus bhí an t-asal aige agus bhuaileadar bóthar arís. Ach nuair a bhíodar ag imeacht ghlac an Mhaighdean Mhuire gach uile bhuíochas le bean an tí.

Agus d'imigh an aimsir thart agus chuaigh gach uile dhuine ina bhealach féin agus chuaigh Íosa Críost, ag teagasc mar a bhí ceaptha dó, agus chuaigh mac an robálaí ag déanamh an rud céanna a rinne a athair, agus is leis a chaith sé a shaol, ag robáil is ag gadaíocht.

Níor casadh an bheirt dá chéile riamh ina dhiaidh sin nó gur tháinig lá mór na n-áireamh ar chnoc Chalvaire, nuair a bhí Íosa Críost á chéasadh agus gadaí á chéasadh ar gach aon taobh de. Nuair a bhreathnaigh an fear a bhí ar thaobh na láimhe deise, bhreathnaigh sé anonn ar Chríost agus chonaic sé an gadaí a bhí ar thaobh na láimhe clé ag magadh faoi dúirt sé leis: 'Ná bí ag magadh faoin bhfear sin,' a deir sé, 'mar ní dhearna sé sin tada as bealach riamh ina shaol, ach ag déanamh maithe ar gach uile dhuine. Ach tá sé sách maith againne muid a chéasadh mar is ag robáil 's ag gadaíocht a chaith muid ár saol. Tá an fear sin neamhchiontach, agus níor cheart go mbeadh sé anseo ar chor ar bith. Ach,' a deir sé le hÍosa Críost, 'cuimhneoidh tú ormsa, nuair a ghabhfas tú, go dtí áit d'athar.'

'Geallaim sin duit,' a deir Íosa leis, 'geallaim sin duit go cinnte,' a deir sé, 'go gcuimhneoidh agus go mbeidh tú liom anocht i bParthas.'

Agus d'aithníodar a chéile agus cé a bhí ann ach an páiste a bheannaigh sé nuair a chaith sé oíche ina theach agus é ag teitheadh go dtí an Éigipt, i gcruthúnas duit an té a mbíonn beannacht Dé air i dtús a shaoil go mbíonn sé air i ndeireadh a shaoil.

Taibhse Átha na gCeann

Tá baile taobh thoir de Loch Coirib idir Gaillimh agus Tuaim a dtugann siad Áth Cinn air. Fadó thugtaí Áth na gCeann air agus is é an t-údar a dtugtaí Áth na gCeann air mar bhí áth ar an abhainn a bhí ansin agus bhí taibhse ar an áth, agus duine ar bith a ghabhadh an t-áth sin deireanach san oíche, go háirithe amach i meán oíche bhaintí an ceann de, agus dá bharr sin tugadh Áth na gCeann ar an áth.

Bhí oíche ansin a raibh tórramh i bhfoisceacht leathmhíle nó mar sin d'Áth na gCeann ar an taobh ó thuaidh den abhainn agus tar éis píosa den oíche thug fear amháin faoi deara nach raibh aon duine as an taobh ó dheas den abhainn ag an tórramh agus thosaigh sé ag fiodmhagadh agus ag rá gur faitíos a bhí orthu teacht trasna an átha. Ach cé ar bith scéal é, tar éis píosa den oíche, agus bhí braonacha óil ann, ag an tórramh, mar ba ghnách. Dúirt an fear seo go gcuirfeadh sé geall, agus geall roinnt trom, nach raibh sé de mhisneach ag aon fhear dul Áth na gCeann leis féin san oíche. Chuir gach uile fhear a chloigeann faoi mar ní raibh aon duine sásta dul ann ach sa deireadh leis an saighdeadh agus leis an magadh agus gach uile shórt eile, dúirt fear amáin go ngabhfadh sé féin ann. 'Ach ní ghabhfaidh mé ann,' a deir sé, 'as geall, ach creidim, nach dtabharfaidh Dia cead do sprid ar bith,' a deir sé, 'tada a dhéanamh orm agus tiocfaidh mé ar ais tríd arís chomh maith céanna.'

Socraíodh ansin go ngabhfadh daoine á fhaire, go ngabhfaidís leis go bhfeicfidís an ngabhfadh sé trasna an átha agus chuaigh. Agus nuair a tháinig sé go dtí an t-áth, bhí sé ag teacht ann leis féin, bhí an taibhse ar an áth roimhe, agus nuair a chuaigh sé trasna an átha d'fhág an taibhse an bealach, agus nuair a chas sé ar ais arís, d'fhág an taibhse an bealach arís agus tháinig sé trasna slán, agus ansin a labhair an taibhse agus dúirt sé: 'Murach do mhuinín go mór as Dia agus nach as geall a tháinig tú ann, bheadh cuimhne go lá an Luain ar do thuras go hÁth na gCeann.'

Mar a Fuair an Duine an Teanga

I dtús an tsaoil, nuair a chruthaigh Dia an domhan chruthaigh sé neamh 's réaltaí agus chruthaigh sé an duine. Bhí an duine ag dul thart gan smid chainte aige. Ní raibh sé in ann labhairt ar chor ar bith mar ní raibh aon teanga aige.

Ach faoi cheann scaithimh thug Dia faoi deara é agus dúirt sé, an bhfuil a fhios agat, go mb'fhearr dóibh bheith in ann labhairt. Agus thug sé glaoch do dhuine as gach uile náisiún teacht nó go dtabharfadh sé teanga dóibh. Tráthúil go leor, an dtuigeann tú, is é an tÉireannach an chéad duine a tháinig i láthair mar bhí an-fhonn cainte air agus nuair a tháinig sé ann is éard a bhí réitithe ag Dia tornapa mór agus dúirt sé leis:

'Gearr anois píosa amach as sin, agus socraigh isteach i do bhéal é,' a deir sé, 'a dhéanfas múnla le haghaidh do theanga.' Ní dhearna an tÉireannach ach dhá leath a dhéanamh de agus ghearr sé an píosa ab fhearr a bhí istigh ina cheartlár, ghearr sé amach é. Bhí sé á shocrú agus á shníomhachán 's ag baint písíní agus sliseoigíní de nó go raibh sé chomh snoite agus é ina mhúnla chomh deas. Shocraigh sé isteach é is ní raibh deifir ar bith air mar ní raibh aon duine eile ag tuineadh leis. Agus nuair a bhí sé sin déanta aige bheannaigh Dia é agus dúirt sé leis: 'Anois, tá do theanga agat,' a deir sé, 'agus labhair í agus coinnigh í an dá lá 's mhairfeas tú.' Ghlac an tÉireannach buíochas le Dia agus d'imigh sé leis agus thosaigh sé á labhairt agus níor dhún sé a bhéal riamh ó shin.

Ach bhí an tÉireannach, an dtuigeann tú, bhí an tús aige. Bhí an teanga ba dheise agus ba cheolmhaire agus ba bhlasta agus ba bhinne agus ba bheannaithe dá raibh ar dhroim an domhain aige.

Agus ansin tháinig daoine as tíortha eile. Tháinig an Síneach agus ghearr sé píosa amach é féin agus shocraigh sé isteach ina bhéal é. Nuair a bhí sé réitithe aige thug Dia a bheannacht dó agus dúirt sé leis: 'Labhair do theanga anois agus coinnigh í agus bíodh meas agat uirthi,' a deir sé, agus d'imigh an Síneach, ghlac sé buíochas leis agus tá sé féin ag labhairt a theanga riamh ó shin. Agus gach uile náisiún eile mar an gcéanna.

Ach ba é an Sasanach ansin an duine deireanach a tháinig mar bhí sórt drochamhras éigin aige go raibh rud éigin ar bun ag Dia nach raibh ceart agus is é a tháinig sa deireadh, agus nuair a tháinig sé ní raibh aon bhlas den tornapa fágtha, ach na sliseoigíní beaga agus na písíní a bhí bainte de na teangacha eile uile agus ní raibh aige ach lán a ghlaice den mhangarae a chur siar ina bhéal de na písíní beaga seo.

Bheannaigh Dia é agus dúirt sé leis imeacht agus a theanga a labhairt agus d'imigh. Ghlac sé buíochas le Dia agus tá sé á labhairt ó shin. Ach sin é an fáth a bhfuil an teanga Ghaeilge chomh blasta agus chomh binn agus nach bhfuil sa teanga Bhéarla ach cineál mangarae, mar níl inti ach píosa de gach uile chineál teanga dá bhfuil sa domhan.